1

nick living
texte
Niemand

Design & Layout: Nick Living

Impressum

Herstellung und Verlag:
BoD - Books on Demand, Norderstedt
ISBN 978-3-7386-4086-1
Für den Inhalt des Buches
zeichnet der Autor verantwortlich
© 2015

Nach dir

Als ich ging
war die Straße schmal
Flossen Tränen ohne Zahl
Nahezu,
ohne Ruh,
träumte ich wohl immerzu
Lang schien dieses Tal

Einsam war's
in jener stillen Zeit
Für jedes dunkle Date bereit
Einfach so
Nicht mehr froh,
blieb die Hoffnung irgendwo
in jener stillen Zeit

Eines Tags
ward ich wieder stark
Wieder neu der junge Tag
Nahezu,
ohne Ruh,
träumte ich nun immerzu
von dem, was vor mir lag

Gern

Gern wär ich noch hier geblieben
Doch der Wind war mir zu rau
Hätt hier gern noch viel geschrieben
Gern wär ich noch hier geblieben
Doch der Himmel schien nicht blau

Gern bin ich nicht fort gegangen
Kannte manchen Weg und Steg
Doch hier rochs so abgehangen
Bin ins ferne Land gegangen,
weil man mich hier nicht versteht

Gern hätt ich mit euch gesungen
Doch ihr kennt die Töne nicht
Hab hier nicht mein Glück gefunden
Ach, ich hätt so gern gesungen
Aus der Heimat flieht man nicht

Gern wär ich zurückgekommen
Doch bei euch ist´s mir zu kalt
Such vergeblich nach der Sonnen
Wär so gern zurückgekommen
Doch bei euch fühl ich mich alt

Nackt

Nackt durch breite Straßen ziehn
Mit der U-Bahn durch Berlin
Mit dir tanzen durch die Nacht
Hast mich um den Schlaf gebracht

Heiße Liebe bis um 4
Halt mich fest, du wildes Tier!
Küss mich jetzt, lass mich nicht los!
Nur die Liebe macht uns groß!

Milchkaffee im Café „BLIX"
Wenn du da bist, fehlt mir nix
Komm, heut fliegen wir ans Meer
Du bist da und nichts ist schwer

Poesie

Mit der Kraft nur meines Traums allein
steh ich am Morgen vor dem Tag
Und frag,
wo sind die schönen Träume
Ich wollte nie allein nur sein

Mit der Kraft der Hoffnung an die Zeit
verberg ich Angst und Tränen mir
Ja hier
erwacht ganz neue Freude
Ich ahn, du bist nicht mehr so weit

Suche

Suche nach dem „Irgendwas"
In manch neuer, alter Zeit
War es Liebe, war es Hass?
War's am End' ein kleiner Spaß?
Waren wir für uns bereit?

Suche nach dem fernen Ort
Regen- oder Sommertag
Wo nur ist dein liebes Wort?
Fern liegt jener ferne Ort,
wo mit dir am Strand ich lag

Suche nach dem guten Traum
Jenseits dieser schönsten Zeit
Hoffnungen im leeren Raum
Du bist hier in meinem Traum
Hab mich längst noch nicht befreit

Schmutziger Ort

Irgendwo in dieser Stadt
Dort, wo keiner Namen hat
Fand ich dich am Rand der Zeit
Warst zu schnellem Sex bereit
Dort, am Ende aller Zeit
Irgendwo in dieser Stadt

Warfst dir harte Drogen ein
Bloß nichts fühln, das muss so sein!
Träume, Liebe gibt's hier nicht
Niemand schaut dir ins Gesicht
Traum und Hoffnung gibt's hier nicht
Selbst das Bier ist selten rein

Tränen netzten deinen Blick
Wolltest Freiheit, nur ein Stück
Irgendwo in dieser Stadt
Wo kein Mensch mehr Namen hat,
bliebst du hungrig - warst nicht satt
Sehnsucht netzte deinen Blick

Als ich ging, bliebst du zurück
Bliebst im Schatten, ohne Glück
Irgendwo im Hinterhaus
stirbt so manche graue Maus
Dort hälts keiner lange aus!
Kann man leben ohne Glück?

Und schon bald fuhr ich nach Haus
Hier sieht alles anders aus
Trank den Sekt, so gegen Vier
War doch noch so nah bei dir
Schloss die dicke Eingangstür
Weit entfernt vom Hinterhaus

Wir

Wir sind nur Blumen, die am Wege blühen
Zuerst als Körnchen, klein und in der Erde noch
Brauchen wir Wasser,
Dung und etwas Mut
Zum Weiterwachsen in der Mutter drin

Und all die Liebe und die Wärme auch
lässt uns erstarken und viel Gutes tanken
Doch blühen wir noch nicht und träumen,
bestimmt bald groß zu sein
und aus der Erde strebend

Sind wir dann irgendwann bereit
zum Aufbruch aus der Muttererde Schoß
Um zu verlassen diese gute Sicherheit
den Himmel zu entdecken,
der doch so weit entfernt

Uns zu entfalten in endlos aufstrebender Zeit
In unsrer Pracht und Schönheit, vielgefächert
Und knospenreich, die Blüten balde platzend,
im Regen aufzublühen
und in der Mitte unsres Seins

die Welt zu sehen und zu spüren,
und die Sonne auch.
Dem Sturm, der uns zerbrechen will,
widerstrebend,
nun viele Sprosse tragend
und Keimlinge dem Winde
anvertrauend, weise und klug die Kälte
bald begrüßend

So wird der Winter kommen und wir werden alt
Die Farbenpracht vergeht, die Kraft lässt nach
Und alle Blüten fallen
Und dem welken Blatte gleich
nun der Abschied naht von dieser Welt
und von der Erde

Wir waren Blumen nur, die irgendwo so zahllos
und doch bereichernd alles Glück
der Welt vereinen
Und wenn der Schnee liegt auf den toten Stielen,
so wächst ganz unten in der Erd
ein neues Leben

Advent

Glockenklang und leises Singen
Endlich kommt die Weihnachtszeit
Weihnachtsmarkt will Freude bringen
Christkind ist jetzt nicht mehr weit

Die Adventszeit lässt mich hoffen,
was die Weihnacht bringen mag
Manche Tür steht nicht mehr offen
Heimlichkeit vorm Weihnachtstag

Schneegestöber, dunkle Wälder
Irgendwo ein Weihnachtsbaum
Sterne leuchten plötzlich heller
Wunderschöner Weihnachtstraum

Bei dir

Bei dir bin ich wohl immer gern
Auf diesem weit entfernten Stern
In meinem Traum ist's gar nicht weit
Von Abschieden schon längst befreit
So nah am Herz und doch so fern

In jeder Nacht komm ich zu dir
an diesen Ort bis früh um Vier
Wo die Gedanken zeitlos sind
Wo ich geblieben noch ein Kind
Erinnerungen ziehn in mir

Wieder da

Er ist wieder da
Von irgendwo
Er ist wieder hier
Ganz einfach so

Er lebt anderswo
Er hatte wohl Glück
Ich liebe ihn so
Er ist zurück

Er war so weit fort
Jetzt ist er hier
Ganz ohne ein Wort
Er ist wieder da

Er

Er war ein großer, starker Held
Er hatte Ruhm, Erfolg und Geld
Er hatte eine Frau, so schön
Man hat ihn selten lachen sehn
Er liebte nicht die schöne Welt

Die Nachricht kam tief in der Nacht
Er hat sich plötzlich umgebracht
Ein Bahndamm, irgendwo am Wald
Da war es einsam, trist und kalt
Und Regen fiel in jener Nacht

So viele Menschen kannten ihn
Er hatte eine Frau, so schön
Er war ein Star, er sah gut aus
Er hatte auch ein großes Haus
Und sah im Leben keinen Sinn

Der Bahndamm liegt so schweigend da
Es regnet nur, wies öfter war
Er hatte Kinder, hübsch und schön
Man hat ihn selten lachen sehn
Er war ein junger, großer Star

Manchmal

Manchmal ist die Welt nicht schön
Niemand darf dich weinen sehn
Willst nur stark sein wie ein Baum
Bleibst doch fern von jedem Traum

Schlägst dich durch, willst hoch hinaus
Lachst nur schrill, und andre aus
Doch im Bett des Nachts um 3
ist's mit deinem Mut vorbei

Kannst nicht schlafen, du hast Angst,
weil du nicht mehr weinen kannst
Und dein Herz schlägt viel zu schnell
Es ist dunkel, gar nicht hell

Irgendwann, du glaubst es nicht,
flackert arg dein Lebenslicht
Du fällst um, ganz einfach so,
in der Welt, wohl irgendwo

Keiner fragt dich, wie dir's geht
Doch du ahnst, es ist zu spät
Längst hat man dich schon ersetzt
Keiner fragt, ob du verletzt

Schwach liegst du im Krankenbett
Keiner kommt und lächelt nett
Schmerzen hast du, auch im Kopf
Fühlst dich wie ein armer Tropf

Plötzlich spürst du eine Kraft,
Fühlst ganz neuen Lebenssaft
Alle Trauer weicht von dir
Sonnenlicht fällt durch die Tür

Du stehst auf, schaust nicht zurück
Gehst nach vorn, ins Lebensglück
Und du drehst dich wild im Tanz,
weil du wieder weinen kannst

Mona Lisa

Was für ein göttliches Gesicht
So wunderschön
Ich kann mich gar nicht satter sehn
Und dieses Lächeln,
welch wundervoller Schein
Dies kann fürwahr ein Traum nur sein

Mir ist, als sei im Himmel ich
So meisterlich
Dies unbeschreiblich´ Wesen
Nein, etwas Schöneres gibt's wohl nicht
Dies zauberhafte
Angesicht

Bleibt mir vielleicht für immer
In den Träumen
Und auf die Knie sink ich vor dir

Am Ende allen Seins mit dir
Und jenseits doch
Ein märchenhafter Schimmer

Wünsche

Wünsche in der heißen Nacht
Regen fällt auf den Asphalt
Du hast mich nur angelacht
Bist verschwunden gegen 8
Und der Wind weht nass und kalt

Träume mich in deinen Arm
Irgendwie treibts mich zu dir
Und im Herzen wird's mir warm
Wo nur bleibt dein starker Arm
In mir spür ich Lust und Gier

Ja, ich werd dich wieder sehn
Dort, in jener großen Stadt
Wenn wir tanzen durch Berlin,
wird das Glück die Angst verwehn
Weil ich doch noch Hoffnung hab

Kühle

Es war im Frühling, als ich dich hier gefunden
Am weißen Strand, da hab ich dich geküsst
Vorbei die Einsamkeit und alle trüben Stunden
Vorbei die Trauer, die tränenreich und trist

Es zog der Sommer ein in unsre wilden Herzen
Am weißen Strand, da träumten wir vom Glück
Auf unsrer Sandburg erstrahlten hell die Kerzen
Du brachtest mir die allerbeste Zeit zurück

Es kam der Herbst mit Stürmen,
Streit und Regen
Der hat die Sandburg und die Kerzen fortgeweht
Da starb die Hoffnung
auf ein schönes neues Leben
Denn du gingst fort
Für uns war´s längst zu spät

Es lag der Winter auf der traurig müden Seele
Der weiße Strand schien weißer
wie niemals zuvor
Und als vom Frühling ich der Möwe
was erzählte,
vergaß ich bald, dass ich dich hier verlor

Resignation

Mein Leben brachte mir kein Glück
S´ ging abwärts nur, so Stück um Stück
Und Asche rinnt mir durch die Hand
Mein Leben scheint längst abgebrannt

Die Träume waren groß, so groß
Einst fruchtete ein kleiner Spross
Da träumte ich vom klugen Weg
Dass es vielleicht mal aufwärts geht

Ich kam sogar schon ziemlich weit
Ganz kurz sah ich ´ne bessre Zeit
Doch fiel mein Schicksal tief ins Loch
Und kroch auch niemals wieder hoch

Was ich vor Jahren aufgebaut
hat mir der Teufel längst versaut
Der liebe Gott ließ mich im Stich
Nie sah ich ihn, und sein Gesicht

Allein und einsam sitz ich nun
auf meinem Sofa blöd herum
Ganz ohne Kraft und ohne Geld
bleibt draußen alle schöne Welt

Was nutzte mir mein wacher Sinn?
Er brachte keinen Reingewinn!
Was nutzte alles schlaue Wort?
Das trug schon lang das Böse fort!

Ich wollte mal ganz hoch hinaus
Und blieb doch nur 'ne graue Maus
Ein Niemand ohne Glanz und Mut,
der längst ertrank im Selbstbetrug

Der dümmste primitivste Mob
fuhr mit den tollsten Autos fort
Und dümmlich machten die mir klar,
ich wär nur Abfall, und kein Star

Verbannt bin ich im Höllenschlund
Mich pinkelt nicht mal an ein Hund
Nach all den Niederlagen jetzt
zieh ich zurück mich, arg verletzt

Und warte auf den letzten Tag,
wenn mich der Teufel holen mag
Mein Leben blieb ein Augenschlag,
der angefüllt mit Frust und Klag

Am Ende bleibt ein Trauersang
Mein Spiegel schwieg ein Leben lang
Einst träumte mir vom guten Weg
Doch alles ward vom Wind verweht

Zeit

Die Zeit lässt manchmal uns zurück
Sie schlägt uns nieder, gnadenlos
Doch geht sie weiter Stück um Stück
Und manchmal lässt sie uns zurück
Und trägt uns doch in ihrem Schoß

Sie klärt nicht auf und ordnet nicht
Sie trennt so viele einfach so
Sie schaut nur zu, wenn was zerbricht
Ist gnadenlos und rettet nicht
Sie macht uns traurig und auch froh

Doch ist sie auch der Ruhe gleich
Und lässt uns Raum zum Neubeginn
Durch sie sind manche Träume reich
Die Zeit bleibt immer wieder gleich
Nur wir verleihen ihr den Sinn

Sie gibt uns eine neue Chance
Denn sie ist da und bleibt nie stehn
Sie gibt dem Leben die Balance,
Wir brauchen alle eine Chance
Die Zeit lässt Altes bald vergehn

So freu ich mich als Kind der Zeit,
dass ich es selbst entscheiden kann
Ich zieh durch Glück und auch durch Leid
Und zieh gelassen durch die Zeit
Ich pack mein Leben, irgendwann!

Schlaflos

Noch ist es Nacht
Ein Schneesturm lässt mich grüßen
Ich bin schon wach
Die Uhr zeigt Viertel Drei
Ich lieg nur da,
wein wieder in die Kissen
Vor lauter Angst
Die Träume sind vorbei

Ich fühl mich schlecht
Der Atem stockt behände
Ich weiß nicht mehr,
wie soll's nur weiter gehn
Ich wünscht es so,
dass ich 'ne Lösung fände
Doch es ist Nacht
Und ich kann nichts verstehn

Da! Ein Geräusch!
Ein Brausen vor dem Fenster!
Ich springe auf,
schau in die Dunkelheit
Ein rotes Licht!
Sind das vielleicht Gespenster?
Bin ich vielleicht
am Ende nicht gescheit?

Doch seh ich bald
Ein Auto fuhr gen Westen
Verschwindet schnell
im Schneesturm und im Nichts
Wär eine Flucht
nicht auch für mich am besten?
Bin ich nicht schon
am Ende allen Lichts?

Es bleibt mir nur
das Pfeifen jenes Sturmes
Der jagt vorbei
und lässt mich hier zurück
Ist's Dummheit nur?
Die Ohnmacht eines Wurmes?
Bin ich vielleicht
verlassen längst vom Glück?

Ich komm nicht drauf!
Versuchs nochmal mit Schlafen
Und sinke bald
in irgendeinen Traum
Und fern sind sie
Die Bösen und die Braven
Von dieser Nacht
bleibt letztlich doch nur Schaum

Insel

Es war die ferne Insel
Im Sommer flog ich hin
Ich hatte schlechte Träume
Und suchte neue Räume
und einen neuen Sinn

Da waren so viel Tränen
und Ärger jeden Tag
So wollt ich einfach fliehen
Zu jener Insel ziehen
Vergessen all die Klag

Die Sonne schien vom Himmel
Der Stand lag menschenleer
Hier wollt ich ewig bleiben
Erleben neue Zeiten
Hier war es leicht, nicht schwer

Lag unterm Regenbogen
Und streifte durch den Wald
Und abends in der Kühle
Fand ich die alte Mühle,
hab dort ein Bild gemalt

Schnell zog er fort, der Ärger
Die Tränen blieben mir,
weil Heimweh zog ins Herze
Im fahlen Licht der Kerze
ward klar, ich bleib nicht hier

Ich bin zurückgegangen
in meine ferne Welt
Mit meinem festen Willen
Konnt ich die Tränen stillen
Erkannte, was jetzt zählt!

Träne

So manche Träne sieht man nicht
Sie wird geweint nur – irgendwo
Sie ist nicht groß, hat kein Gewicht
Man sieht so manche Träne nicht
Doch kommt sie oft, ganz einfach so

Sie zeigt in unsrer starken Welt,
dass man auch schwach ist, klein und dumm
Und wenn sie uns vom Auge fällt,
dann sehn wir anders diese Welt
Sie sagt so viel und bleibt doch stumm

Sie bleibt bei uns ein Leben lang
Sie kennt das Glück und auch das Leid
Egal, ob kerngesund, ob krank,
Sie ist stets da, ein Leben lang
Manch Seele wird durch sie befreit

Nein, ohne Tränen geht es nicht
Sie ist so wichtig, gut und klar
Sie gibt uns erst ein Angesicht
So manche Träne sieht man nicht,
denn sie ist klein und unscheinbar

Heimgang

Mein Sinn stand mir nach Nord und Süden
Ich wollte fort, woanders hin
Ich fand hier nicht den stillen Frieden
Mich zog es nur nach Nord und Süden
Hier fand ich gar nichts gut und schön

Da zog ich aus in ferne Lande
Und suchte nach dem großen Glück
Und fern am Meer, am weiten Strande
Lag ich im warmen weißen Sande
Und wollte wirklich nie zurück

Doch ewig wollts nicht Sommer bleiben
Der Strand lag einsam wie mein Herz
Da kamen eisig kalte Zeiten
Ich konnt nicht leben, konnt nicht bleiben
Und fuhr zurück, ganz ohne Schmerz

Bald war die Winterzeit vergangen
Und Sonne fiel ins neue Land
Ich fühlt' mich nicht mehr unverstanden
Ich bin ins Heimatland gegangen
Wo ich bald neue Hoffnung fand

Ach lass

Ach lass mich atmen jeden Tag
Und lass mich hörn den Glockenschlag
Dass Ruh zieht ein in jedes Haus
Dass alte Geyer fliegen aus

Ach lass mich hoffen auf das Glück,
das kommt beständig Stück um Stück
Dass niemals mehr wir einsam sind
Dass uns jetzt treibt ein frischer Wind

Ach lass mich lieben jene Welt
Dass unser Traum nicht mehr zerfällt
Dass nimmermehr die Ros verblüht
Dass etwas Großes bald geschieht

Ach lass beginnen unsre Zeit
Denn dafür sind wir längst bereit
Bewahre uns vor Leid und Not
Und lass uns unser Täglich-Brot

Garten

In meinem Garten
Möcht ich wieder ernten gehn
Wenn reifes Obst hernieder fällt
Will ich nimmer warten
Und laue Winde wehn

Im fernen Tale
Da will ich wieder ruhn
Wenn´s Zeit ist und ich leb
Will nah dem Wasserfalle
Die größten Schritte tun

Am wilden Flusse
Will ich unendlich Leben spürn
Wo Neues wechselt schnell
dir, Welt und Gott zum Gruße
Will ich mich selbst verführn

Kalter Winter

Der Winter ist so kalt
Ich sehne mich nach dir
In dieser Traurigkeit
Allein
Und getrennt von dir
Bin ich am See
Er ist so kalt
Ich fühle mich nicht wohl
Und ein heftiges Gewitter droht
Es will mich töten

Fremde Gesichter
Sie sind mir unbekannt
Doch kenn ich sie
Von irgendwoher
Schatten in der Fremde
Spuren im Schnee
Mein eigener Herzschlag
Der mich betäubt
Er lässt mich nichts mehr fühlen
Und auch nichts sehen
Bin ich gar blind?
Oder nur stumm?
Zu dumm und blöd für dieses Sein?

Blumen für die Spinner
Und keiner kann es so gut wie ich
Bin ich nicht ehrlich?
Zu dir?
Zu mir?
Zu allen um mich herum?
Zu wem eigentlich?
Ich lüge nie, und doch immer wieder
Weil ich's nicht anders kann
Ich bin doch klug!
Oder etwa nicht?
Wenn's um mich geht,
bin ich zu doof!
Es bleiben tausend Fragen!

Du gehst mit mir ins Ungewisse
In die Stadt der Angst
Die Stadt der Fremdheit
Du gehst mit mir ins Reich des Alleinseins
Des Fluches
Und der Flucht
In ein Reich der unbezwingbaren Sucht
Doch nur in den Gedanken
Ich torkele und spür sie nicht
Die Seele
Nein, ich bin noch nicht betrunken
Und Drogen sind mir fremd
Ich werd sie niemals nehmen
Es bebt das Meer
Der Ozean
In jener Welt
Der Abgeschriebenen

Ich bin kein neuer Mensch
Ich bin schon alt
Und jung geblieben
Und doch so fern von allen Lüsten oder Trieben
Im Moment
Denn du bist fort
Und all die Fremden um mich herum
Sind wie Gespenster
Sind ohne Namen
Und ohne Gefühle auch
Mich drängt es nun zur Flucht
In neue Räume
In einen andern Schoß
Und dann wird auch die Sonne wieder scheinen
Denn in diesem Leben
Kann ich ändern
Und bleibe dennoch
Immer ICH!

Wenn

Wenn du sagst,
du liebst mich nicht,
dann bin ich tot
Noch vor der Zeit
Wenn Gott mich will
Der weiß darum
Und wird mich ewig lieben
Und du?
Du schweigst!
Ein bittres Schweigen!
Einerlei der Zeit!
Und immer wieder so
Du hast mich umgebracht

Wenn du sagt,
du magst mich nicht,
stirbt auch die Zeit
Und alles war umsonst
Wo ist nur Gott - sag wo?
Und hilflos starr ich in die Schlucht,
die vor mir schreit
Und schweigt
Wo sind die Jahre meines Lebens?
Sie fallen in die bittre Tiefe
Die sanft und süß
die Ruh mir gibt
Du hast mich umgebracht

Wenn du sagst,
dass du nichts sagst,
dann muss ich gehn
von dir
Ins Land meiner Gedanken
Und du hast nie gefragt danach
Und ich bin froh
Du konntest mirs nicht rauben
Denn ich geh zu Gott
Den du nicht kennst
Und in den fernen Bergen
suchst du nicht nach mir
Das Eis lässt dich erstarren
Und klar wird dir
Tot bin ich zwar
Doch bin ich stets bei dir

Ich bin der Fremde deiner Seele
Und kenn dich gut
Weil ich es eben bin
Und doch bin ich´s gewesen
Ich bin so weit von dir
Die Reise durch den Kosmos
bracht mich doch heim zu dir
Jene Odyssee, die uns geeint
In andrer Dimension
Die Körper schwinden
Ich bin daheim!
Oh dank dir, Gott
Ich bin daheim
Und werd es ewig bleiben

Erinnerungen

Bunte Farben in den eingeschmolzenen Träumen
meiner Kinderzeit
Ich bin an einem Punkte angekommen,
an welchem ich nicht mehr weiter weiß
Und ich suche einen Rat
in den alten Märchenbüchern
Und ich wünsch mir die Wahrheit
aus den seidenen Zaubertüchern
Und weiß doch längst
Ich bin schon lang zu alt
für diese fernen, fernen Spiele

Teddybären mit den blauen Schleifchen
und der grüne Wasserball
Er schwimmt behänd davon
auf den Wogen meiner kalten Tränen
Ich kann ihn nicht mehr halten
Ach Teddy,
gib mir doch wie früher einen Halt
Aber er schweigt, sie ist eben vorbei,
die Zeit der Feen und der Aschenputtel
Im zerbrochenen Spiegel
wirkt mein Gesicht so müde – oder schwach
Und es wirkt blass
Und ich spür es längst
Ich bin schon lang zu alt
für diese fernen, fernen Spiele

Die alten Kinderlieder,
wo alles noch so rein und klar,
wo ich mal unbeschwert und glücklich war,
sind längst verklungen
in verklärender Unendlichkeit
Die holt mir keiner mehr zurück
Jetzt rennt man wohl nach andren Sachen
Ich habe das Verlieren nicht verlernt
Und in den feuchten Nebeln
verwunschener morgendlicher Wiesen
seh ich der Liebsten makelloses Antlitz
nimmermehr
Gewesen ist gewesen!
Und ich weiß es längst
Ich bin schon lang zu alt
für diese fernen, fernen Spiele

Meins

Die Tage winden sich
durch meine abgewrackte Seele
Ich geh allein
den längst vertrauten Weg im Park
Mein Herze schweigt,
wie meine ausgedörrte Kehle
Jenseits des Glücks,
Und meine Wunden schmerzen arg

Da war die Zeit,
als ich noch Hoffnung spürte
Als ich noch jung,
versuchte manches kleine Glück
Als ich mit Illusionen
meinen Lebensweg verzierte
Dumm und verträumt
Und viel zu oft verrückt

So manchen Streit
wollt ich mit Mutter führen
Naives Kind,
das niemanden verstand
Zog in die Welt
mit allzu vielen Starallüren
Hielt mich doch fest
an Mutters guter starker Hand

Die Jugend ging
und mit ihr auch mein Lachen
Und auch mein Traum,
der König dieser Welt zu sein
Da stand ich nun,
schwer fiel mir das Erwachen
Fand schwachen Trost
in feuerrotem Erdbeerwein

Ich wollt den Freund,
der meine Ängste kannte
Und schlich mich ein
in manches eisigkalte Herz
Und als ich selbst
an meiner Gier verbrannte,
erkannte ich das erste Mal
den nimmermüden Schmerz

Einst [Brief]

Ich war so jung wie du,
da habe ich zu träumen angefangen
Da bin ich von Zuhause weggegangen
Und hab sehr hoch gespielt

Ich war so jung wie du,
da hab ich meine Lieder laut gesungen
Da spürt' ich frische Luft in meinen Lungen
Und nichts hat mir gefehlt

Ich war so jung wie du,
da war die Zeit der bunten Luftballone
Erdachte mir so manche Königskrone
Und nah schien jedes Ziel

Ich war so jung wie du
Jetzt ist es trister kühler Herbst geworden
Und kalter Wind weht um die tauben Ohren
Ich hab zu oft geträumt

Das Leben

Das Leben fließt so wie ein Strom
Mal langsam noch, dann wieder schnell
Es fließt nur so, wer fragt da schon
Das Leben ist ein langer Strom
Es ist oft dunkel, selten hell

Es ist nur da und bringt die Zeit,
in der wir sehen und verstehn
Wir fühlen Glück, erleben Leid
Und es vergeht mit aller Zeit
Bis nichts mehr von uns bleibt bestehn

Der Wind fegt über kahles Land,
auf dem es so viel Leben gab
Es liegt oft nicht in unsrer Hand
Es fegt nur Wind über das Land
Und streichelt sacht so manches Grab

Man möcht so gerne ewig sein,
um eins zu werden mit der Welt
Um alt zu werden, wie ein Stein
Ja, manchmal möchte man ewig sein
Niemals verlieren, was man hält

Doch fließt das Leben wie ein Strom
Und bliebt nicht stehen, treibt uns fort
So manches fließt uns da davon
Denn es geht weiter, mit dem Strom
Und bleibt nie ein beständig Ort

Sie

Sie lebte in der großen Stadt
Irgendwo, ganz mittendrin
Dort gab´s Hektik, Sünde satt
Dort, in dieser großen Stadt
Machte so das Leben Sinn?

Guter Job, manch Date, viel Geld
Ja, sie lebte ihren Traum
Dort, in dieser großen Welt,
zählte nur das große Geld
Für die Liebe reicht´ es kaum

Irgendwann, November war´s,
kam sie wieder müde heim
Nach den Drinks in tausend Bars
kam sie heim, November war´s
Sie stand da und war allein

Hier auf diesem langen Flur,
schaute sie sich traurig um
Überm Spiegel diese Uhr
Und die Kälte hier im Flur
Und sie weinte leis und stumm

Sollte das schon alles sein?
Jeden Tag der gleiche Trott?
Immer nur alleine sein?
Ungezählte Flaschen Wein?
Und so manch versteckter Spott?

Plötzlich spürte sie ganz tief
einen Stich und einen Schlag
Irgendetwas nach ihr rief
Irgendwann in ihr, ganz tief
Irgendwo in dieser Stadt

Was, wenn sie's nicht einfach tut?
Alles sollte anders sein!
In ihr keimte neuer Mut
Was, wenn man's nicht einfach tut?
Fort mit Geld und Nacht und Wein!

Schließlich kam ein neuer Tag
Sie sprang nicht aus ihrem Bett
Als man hektisch nach ihr fragt',
legte sie den Hörer ab
Machte Frühstück, richtig fett!

Dann rief sie den Makler an,
gab die teure Wohnung auf
Auch der Bentley glaubte dran
Und die Weinflaschen sodann
Und ihr alter Lebenslauf

Sie zog fort aus jener Stadt,
kaufte sich 'ne kleine Farm
Plötzlich ging so vieles glatt
Jenseits dieser kalten Stadt
Und sie fühlte sich nicht arm

Bald zog Frühling übers Land,
und ein Fischer stand am Fluss
Sie hielt fest nur seine Hand
Ja, ein Fischer kam aufs Land
Und er gab ihr einen Kuss

Was für eine gute Zeit
brach da an, für sie und ihn
Sie entschied, es war soweit!
Mut zu einer neuen Zeit!
Mut zu einem Neubeginn!

Ihre Kinder gaben Kraft
Leben kam zu ihr zurück
Ja, sie hatte es geschafft
In sich selbst fand sie die Kraft
und die Liebe und das Glück

Verlorene Prinzen

In der Nacht,
weit weg von Lieben und von Leiden
Wo die alten Keller gut Geschäfte treiben
Am Stadtrand, da stehen sie an den Geländern
Ihr Blick wie Eis mit schwarzen Trauerrändern

Sie sind der Tod, die ewig arg Gehassten
Suchen die Gelegenheit, die sie einst verpassten
Nur einen Augenblick, fern bleibt die Liebe
Ein Tanz des Teufels und der verirrten Triebe

Und hinter grauen, kranken Lügenmasken
schlägt Einsamkeit in eisigkalten Herzen
Zitterndes Hirn, kurz vor dem Tod, dem Ende
Schweigsames Gefühl und keine warmen Hände

Im hellen Licht sind sie wie winzig kleine Motten
Wissend bereits, dass alles lange schon verloren
Der letzte Treff vor aller Hoffnungslosigkeit
Scheint jener Ort,
fernab der bittersüßen Wirklichkeit

Nie

Nie habe ich mit anderen gesoffen
Ich war allein in manchen Kneipen
Mit Tränen in der angsterfüllten Seele
rann mir das Bier durch meine trockne Kehle
Und ich vertrug nicht viel
Drum ließ ich jenes Teufelsspiel
Und konnte dennoch nichts erhoffen

Nie habe ich mit Fremden je gesungen
Ich sang allein in manchem Traume
Und in der Wirklichkeit wirklich ganz selten
wollt ich fast immer irgendetwas gelten
Und blieb wohl immer nur ein Nichts
Wach übers Feuer, sonst erlischts!
Ich bin ins kalte Wasser stets gesprungen

Nie habe ich an Gräbern je getrauert
Ich trauerte allein in manchem Wald
Denn ich bin selbst so oft gestorben
Und später wieder neu, ganz neu geboren
Hab ich jemals gelebt?
Ich spürte immer, wie mein Herze bebt
Hab mich wohl selbst zu oft bedauert

Zigarettenlänge

Braun gebrannt liegt er im Bett
Ich stehe auf, so gegen 4
Ich dreh mich um, er schläft so nett
Er liegt nur da in meinem Bett
Warum ist er noch immer hier?

Zünd mir 'ne Zigarette an
Und trink ein Bier – von gestern noch
Er ist ein richtig toller Mann
Ich zünd 'ne Zigarette an
Und blauer Dunst steigt langsam hoch

Nacht und Lust in meinem Blick
Verklärt jedoch ist's in mir drin
Die Kerle sind im Augenblick
mein allerbestes Missgeschick
Und nirgends gibt es da den Sinn

Ich wollte auch mal glücklich sein
Schau in den dunklen Morgen raus
Er kam bei Nacht und reichlich Wein
Stieg einfach in mein Auto ein
Berlin sieht jetzt so friedlich aus

Schmerz zieht da in meine Hand
Ich drück die Zigarette aus
Sie ist zu schnell wohl abgebrannt
Die Kerle sind mein Untergang
Ich geh ins Schlafzimmer hinaus

Er hat sich zu mir umgedreht
Warum kommst du jetzt nicht zu mir?
Ich lächle nur – es ist nicht spät
Er hat sich plötzlich umgedreht
Warum ist er noch immer hier?

Prinz

Ich bin der Prinz vom Morgenland
Und habe gar nichts nötig hier
Ich komm zu euch im Goldgewand
Und noch manch andrer teurer Zier

Ich bin der Prinz – nun springt schon, springt!
Und – nein – ich schaue Euch nicht an
Weil's hier bei euch mir zu sehr stinkt
Ich bin nämlich ein Edelmann

Ich bin der Prinz, so jung und schön
Und wohn in einem fernen Schloss
Dort muss ich zeitig schlafen gehen
Drum zieh ich nun mit hohem Ross

Ich bin der Prinz vom Zauberland
Und zaubre euch ganz einfach weg
Ich bringt mir eh nur Schimpf und Schand
Ich bin der Prinz und ihr seid Dreck

Warten

In der Nacht ist kein Mond zu sehn
Ich bleib noch immer am Fenster stehn
Und schau zur Uhr
Du bist noch nicht gekommen
Wird sich mein Warten lohnen?
Kein Mondlicht, nichts
Was ist passiert? Wo bleibst du nur?

In der Nacht bleibt mein Haus allein
In meiner Hand die Flasche Wein
Schon halb geleert
Ich weiß nicht, ob es Sehnsucht ist,
was da an meiner Seele frisst
Und es beginnt ein leiser Regen
Und ich warte und alles scheint verkehrt

In der Nacht ist mein Bett so leer
Manch wirrer Traum
im Wein ertränkt
Ich träum dich her
So viel hab ich mir ausgemalt
Ob doch noch meine Sonne strahlt?
Der rauschende Wald macht alles so schwer

Flüchtlings-Junge

Es zogen die Menschen
aus dem so fremden Lande
Hinaus in die Fremde,
zu dem sehr langen Strande
Sie wollten nur ganz einfach weit weg
von Zuhause
Sie gaben sich selbst, der Familie nie Pause
Und zogen und liefen flugs zum Weltenrande

Es waren so viele, die nimmermehr blieben
Ach, so viele Seelen, die himmelwärts schrien
Es waren Familien, die in Armut und Kriege
zu suchen begannen nach Glück, Geld und Liebe
Man hätte sie sonst wohl zu Tode getrieben

Ja, auch jenes Kind, dieser schwarzhaarige Junge,
zog fort mit den Eltern, mit pfeifender Lunge
Zum Strand aller Märchen,
zur Küste der Wunder
Zum riesigen Meer,
mit manch Fisch und manch Flunder
Er schaute so lieb, hatte Augen, so runde

Man sagte, da hinter dem brausenden Wasser
verbirgt sich das Gute,
ward die Welt nie mehr blasser
Dort ist ewiger Reichtum, sind nett alle Leute
Dort gibt es kein Elend, keine hungrige Meute
Dort gibt's keinen Krieg, keine ewigen Hasser

Der Sturm war so stark – am Meer, an der Küste
Fern lag ihre Heimat, diese schreckliche Wüste
Verträumt schaut´ der Junge hinaus in die Ferne
Es sah dort am Himmel all die funkelnden Sterne
Und er sah auch den Mond,
der gelächelt und grüßte

Und dann auf der schlingernden
Schlauchboot-Schaluppe,
da gab´s nichts zu essen, nicht mal eine Suppe
Dreihundert gefangen im Seelenverkäufer
Gehofft und gebetet zu Gott und manch Täufer
Doch war da nicht einer, der klagte und murrte

Ganz plötzlich dort draußen im tosenden Meere,
da schlugen die Wogen mal hoch und mal quere
Das Boot sank so schnell in die dunkelsten Tiefen
Es war Mitternachte, ach, wo alle schliefen
Darüber hin klatschte das Wasser mit Schwere

Von all diesen Menschen, dem Jungen,
dem kleinen,
blieb nichts als nur Tränen,
ich kann nur noch weinen
So viele geblieben im schäumenden Meere
Es schlugen nur hoch all die Wasser,
voll Schwere
Am Meeresgrund war´s reich
an Stille und Steinen

Gestorben die Hoffnung,
die Sehnsucht nach Frieden
Die Freiheit der Leute – im Sturm fortgetrieben
Dem Tod nicht entkommen,
Familien und Kinder
Warum so viel Kälte? Warum so viel Winter?
Die Menschlichkeit
längst auf der Strecke geblieben?

Es gehen die Stunden, es ziehen die Tage
Es fliehen die Menschen –
mir bleibt nur die Frage:
Was wird, wenn auch ich aus der Heimat
mal fliehe?
Wird dann jemand sein,
der mich aufnimmt mit Liebe?
Bleibt übrig nur Trauer, nur Tränen und Klage?

Doch sah jener Junge die funkelnden Sterne
Er flog hoch ins All, bis hinauf in die Ferne
Ich hör ihn noch singen, den schwarzhaarigen Jungen
Er hat von der Liebe im Traumland gesungen
Ich denk oft an ihn, hab ihn wirklich sehr gerne

5	Nach dir
6	Gern
7	Nackt
8	Poesie
9	Suche
10	Schmutziger Ort
12	Wir
14	Advent
15	Bei dir
16	Wieder da
17	Er
18	Manchmal
20	Mona Lisa
21	Wünsche
22	Kühle
23	Resignation
25	Zeit
26	Schlaflos

NIEMAND

28	Insel
30	Träne
31	Heimgang
32	Ach lass
33	Garten
34	Kalter Winter
37	Wenn
39	Erinnerungen
41	Meins
43	Einst
44	Das Leben
45	Sie
48	Verlorene Prinzen
49	Nie
50	Zigarettenlänge
52	Prinz
53	Warten
54	Flüchtlings-Junge

NOBODY